AF504456

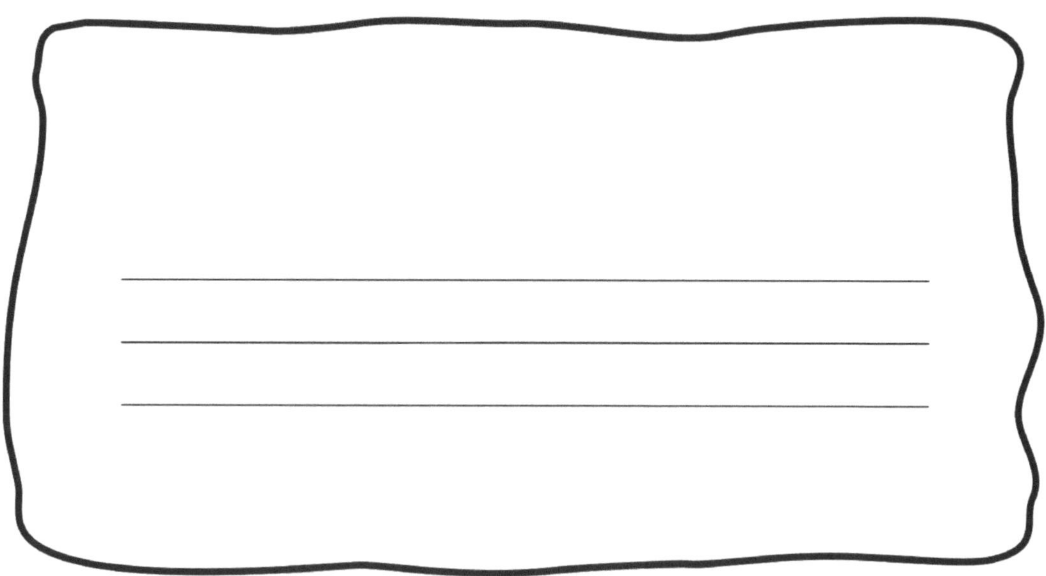

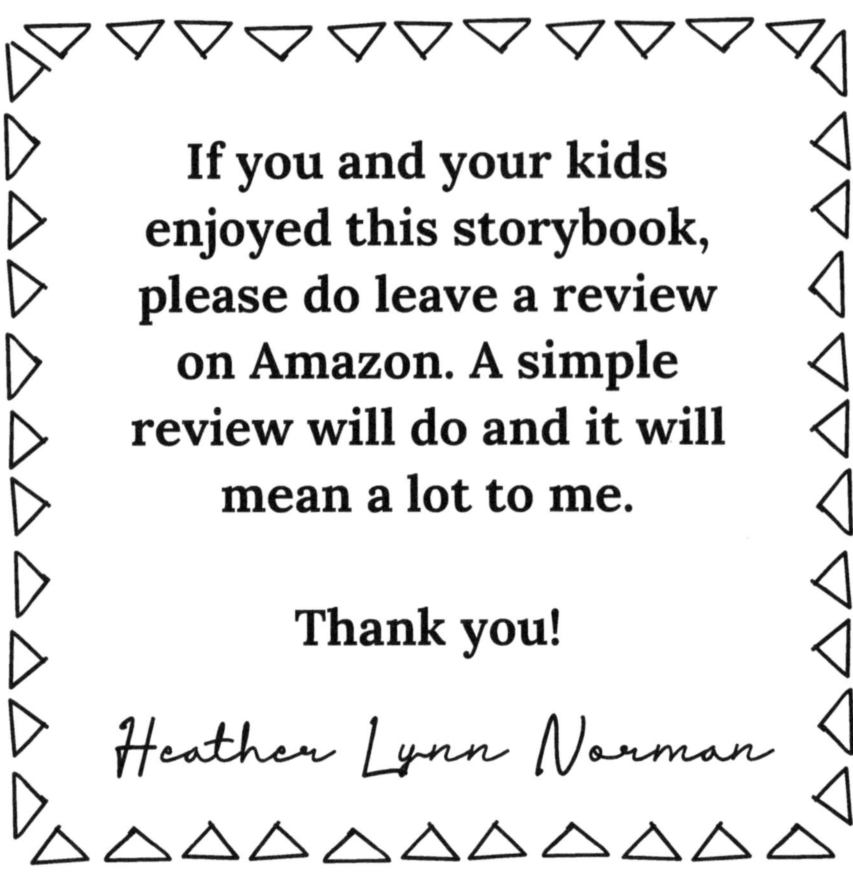

Written by: Heather Lynn Norman

Illustrated by: Aldi Mustofa

Translated by: Nibras Ibrahim

Copyright © text: Heather Lynn Norman 2020

Copyright © illustrations: Heather Lynn Norman 2020

All rights reserved. No part of this book may be reproduced, distributed or transmitted in any form or by any means, electronic or mechanical, including photocopying, recording or by any other form without the prior written permission from the publisher, except in the case of brief quotations embodied in critical reviews and certain noncommercial uses permitted by copyright law.

ISBN: 9798681969488

سِرُّ آدَمَ
Adam's Secret

written by
Heather L. Norman

translated by
Nibras Ibrahim

ذَاتَ يَوْمٍ، وَبَيْنَما كَانَ آدَمُ يَتَجَوَّلُ فِي الْفَنَاءِ الْخَالِي بِجِوَارِ مَنْزِلِهِ، لَاحَظَ قِطَّةً تَجْلِسُ فِي إِحْدَى الزَّوَايَا. وَقَدْ أَثَارَ دَهْشَتَهُ، أَنَّ الْقِطَّةَ أَنْجَبَتْ ثَلَاثَ قِطَطٍ جَمِيلَةٍ.

One day, Adam was wandering in the empty yard next to his house when he spotted a cat in a corner. To his surprise, the cat had just given birth to three beautiful kittens.

تَمَنَّى آدَمُ لَوْ كَانِ بِمَقْدُورِهِ إِحْضَارُهُمْ إِلَى بَيْتِهِ، لَكِنَّ وَالِدَيْهِ لَمْ يَسْمَحَا لَهُ قَطُّ بِامْتِلَاكِ الْحَيَوَانَاتِ الْأَلِيفَةِ، لِأَنَّ أُمَّهُ تُعَانِي مِنْ حَسَاسِيَةٍ تِجَاهَ الْقِطَطِ وَالْكِلَابِ.

Adam wished he could bring them home but his parents never allowed him to own pets. After all, his mother is allergic to cats and dogs.

لِذَا، قَرَّرَ آدَمُ أَنْ يَجْعَلَ هَذَا الِاكْتِشَافَ سِرًّا. كَانَ يَزورُهُمْ كَثِيرًا وَيُحْضِرُ لَهُمْ الطَّعَامَ وَالْمَاءَ. حَتَّى أَنَّهُ أَطْلَقَ عَلَى الْقِطَّةِ الْأُمِّ اسْمَ (لُوْلَا) وسَمَّى الْقِطَطَ الثَّلَاثَ (مِيمِي) وَ(رِيرِي) وَ(فِيفِي).

So, Adam decided to make this discovery a secret. He would visit them often and bring food and water. Adam even named the mother cat Lola and her three kittens Mimi, Riri and Fifi.

TUNA CAN
TUNA CAN

وَبَعْدَ أُسْبوعٍ، اسْتَيْقَظَ آدَمُ عَلَى صَوْتِ مُحَرِّكٍ عَالٍ. وَلَمَّا نَظَرَ خَارِجَ نَافِذَةِ غُرْفَةِ نَوْمِهِ وَشَاهَدَ حَفَّارَةً فِي الْفَنَاءِ لِبَيْتِ جَارِهِ. ركَضَ آدَمُ عَلَى الْفَوْرِ نَحَوَ الدَّوْرِ السُّفْلِيّ.

A week later, Adam was awoken by a loud sound of an engine. He looked out of his bedroom's window and saw an excavator in his neighbor's yard. Adam immediately ran downstairs.

"أَبِي! مَاذَا تَفْعَلُ هَذِهِ الْآلَةُ الضَّخْمَةُ فِي فَنَاءِ مَنْزِلِ جَارِنَا؟" سَأَلَ آدَمُ وَالِدَهُ. فَأَجَابَ وَالِدُهُ: "هَذِهِ حَفَّارَةٌ. لَدَيْنَا جَارٌ جَدِيدٌ وَيُرِيدُ أَنْ يَبْنِيَ حَمَّامَ سِبَاحَةٍ".

"Dad! What is that huge machine doing in our neighbor's yard?" Adam asked his father. His father replied, "That is an excavator. We have a new neighbor and he wants to build a pool."

وَضَعَ آدَمُ يَدَيْهِ عَلَى وَجْنَتَيْهِ مَذْعُورًا. "يَا إِلَهِي! مَا الَّذِي سَوْفَ يَحْدُثُ لِلُوْلَا، وَمِيمِي، وَرِيرِي، وفِيفِي؟" تَسَائَلَ آدَمُ. "مَاذَا؟ مَنْ هُمْ؟" سَأَلَ وَالِدُ آدَمَ. وَلَكِنْ كَانَ آدَمُ قَدْ خَرَجَ بِالْفِعْلِ مِنَ الْمَنْزِلِ قَبْلَ أَنْ يَتَمَكَّنَ مِنَ الْإِجَابَةِ عَنْ سُؤَالِ وَالِدِهِ.

Adam clutched his face in horror. "Oh no! What will happen to Lola, Mimi, Riri, and Fifi?" exclaimed Adam. "What? Who are they?" asked Adam's father. But Adam was already out of the house before he could answer his father's question.

تَوَقَّفَ آدَمُ خَارِجَ الْفَنَاءِ، وبَحَثَ عَنِ الْقِطَطِ وَلَاحَظَ أَنَّ أُمَّهُمْ لَمْ تَكُنْ مَوْجُودَةً. "يَا إِلَهِي! اَلْأُمُّ تَبْحَثُ عَنْ طَعَامٍ بِالتَّأْكِيدِ وَالْقِطَطُ لَيْسَتْ كَبِيرَةً كِفَايَةً لِتَسْتَطِيعَ الْمَشْيَ بَعْدُ. إِذَا لَمْ أُوْقِفِ الرَّجُلَ دَاخِلَ الْحَفَّارَةِ، فَسَوْفَ يَقُومُ بِدَفْنِهِمْ بِالْخَطَأِ!" قَالَ آدَمُ فِي قَرَارَةِ نَفْسِهِ.

Adam stood outside the yard and looked for the kittens. He realized that their mother was nowhere to be seen. "Oh no! The mother must be out looking for food and the kittens are not old enough to walk yet. If I don't stop the man in the excavator, he will accidentally bury them!" said Adam to himself.

لِذَا بَدَأَ آدَمُ بِالْقَفْزِ إِلَى الْأَعْلَى وَإِلَى الْأَسْفَلِ. ثُمَّ صَرَخَ وَأَشَارَ بِيَدَيْهِ. وَلَكِنَّ مَا فَعَلَهُ كَانَ دُونَ أَيِّ جَدْوَى. إِذْ كَانَ صَوْتُ الْحَفَّارَةِ صَاخِباً لِلْغَايَةِ وَكَانَ آدَمُ صَغِيرًا جِدًّا بِحَيْثُ لَا يُمْكِنُ رُؤْيَتُهُ.

So, Adam started to jump up and down. He screamed and waved. However, it was to no avail. The sound of the excavator was too loud and Adam was too small to be seen.

وَفَجْأَةً دَخَلَ الْجَارُ الْجَدِيدُ وَبُصُحْبَتِهِ مَجْموعَةٌ مِنْ عُمَّالِ الْبِنَاءِ إِلَى الْفَنَاءِ، حَيْثُ فُوجِئُوا بِرُؤْيَةِ آدَمَ وَهُوَ يَقِفُ هُنَاكَ. "مَرْحَبًا يَا صَبِي، لَا يُمْكِنُكَ الْوُقُوفُ هُنَا. هَذَا خَطِيرٌ. مِنْ فَضْلِكَ عُدْ إِلَى مَنْزِلِكَ"، قَالَ أَحَدُ الْعُمَّالِ.

Suddenly, the new neighbor and a group of construction workers entered the yard. They were surprised to see Adam standing there. "Hey little boy, you cannot be standing here. It's dangerous. Please go back home," said one of the workers.

"وَلَكِنْ.. وَلَكِنْ" تَلَعْثَمَ آدَمُ حِينَ أَشَارَ إِلَى الْحَفَّارَةِ وَحَاوَلَ تَفْسِيرَ الْمَوْقِفِ. "لَا تُحَاوِلْ يَا صَبِي"، أَجَابَ الْعَامِلُ وَهُوَ يَصِيحُ بِآدَمَ.

"But...but..." stammered Adam as he pointed to the excavator and tried to explain the situation. "No buts." replied the worker as he shooed Adam away.

عَادَ آدَمُ إِلَى بَيْتِهِ وَالدُّمُوعُ تَنْهَمِرُ عَلَى وَجْهِهِ. "آسِفٌ لُوْلَا، وَمِيمِي، وَرِيرِي، وَفِيفِي. آسِفٌ، لَمْ أَسْتَطِعْ إِنْقَاذَكُمْ!" هَمَسَ آدَمُ.

Adam walked back home with tears running down his face. "I'm sorry Mimi, Riri and Fifi. I'm sorry I couldn't save you!" whispered Adam.

"هَا أَنْتَ ذَا يَا آدَمُ! هَلْ تَعْرِفُ أَيْنَ تُوجَدُ عُلَبُ التُّونَةِ؟ لَقَدِ اخْتَفَوْا!" سَأَلَتْ وَالِدَةُ آدَمَ فَوْرَ دُخُولِ ابْنِهَا الْمَنْزِلَ. شَعَرَ آدَمُ بِالذُّعْرِ. "يَا إِلَهِي! اَلْآنَ يَجِبُ عَلَيَّ أَنْ أُخْبِرَهُمَا بِسِرِّي. وَلَكِنْ هَلْ سَيَغْضَبَان يَا تُرَى؟" تَسَاءَلَ آدَمُ.

“Oh, there you are, Adam! Do you know where are the cans of tuna? They have gone missing!” said Adam's mother as he entered the house. Adam started to panic. “Oh no! Now I have to tell them my secret. Will they be angry?” he wondered.

"هَلْ تُخْفِي عَنَّا شَيْئًا يَا آدَمُ؟" سَأَلَ والِدُ آدَمَ. فَكَّرَ آدَمُ فِي القِطَطِ الْجَمِيلَةِ وَشَعَرَ بِالْحُزْنِ. لَمْ يَعُدْ هُنَاكَ دَاعٍ مِنَ الِاحْتِفَاظِ بِالسِّرِّ أَكْثَرَ.

"Are you hiding something from us, Adam?" asked Adam's father. Adam thought of the lovely kittens and his heart sank. There was no point in keeping the secret anymore.

"أَنَا آسِفٌ! كُنْتُ قَدْ أَخَذْتُ عُلَبَ الثُّونَةِ لِتَغْذِيةِ قِطَّةٍ عَثَرْتُ عَلَيْهَا فِي فَنَاءِ مَنْزِلِ جَارِنَا. وَلَكِنْ يَبْدُو الْآنَ أَنَّ قِطَطَهَا الصَّغِيرَةَ يَجرِي دَفْنُهَا تَحْتَ أَنْقَاضِ الْحَفَّارَةِ!" شَرَحَ آدَمُ بَيْنَمَا أَخَذَ فِي الْبُكَاءِ.

“I'm sorry! I took the cans of tuna to feed a cat that I found in our neighbor's yard. But now...it looks like her kittens are being buried by the excavator!” explained Adam as he began to sob.

"لَا بَأْسَ يَا آدَمُ. كَانَ مِنَ الْوَاجِبِ أَنْ تُخْبِرَنَا فِي وَقْتٍ سَابِقٍ حَتَّى نَتَمَكَّنَ مِنْ مُسَاعَدَتِكَ". هَكَذَا قَالَ وَالِدُ آدَمَ بِلُطْفٍ وَهُوَ يُعَانِقُ ابْنَهُ. ثُمَّ نَظَرَتْ والدَةُ آدَمَ مِنَ النَّافِذَةِ وَصَرَخَتْ: "أُنْظُرُوا، اَلْحَفَّارَةُ لَا تَتَحَرَّكُ! رُبَمَا لَم يَفُتِ الْأَوَانُ بَعْد!"

"It's okay, Adam. You should have told us earlier and we could have helped you," said Adam's father gently as he hugged his son. Adam's mother then looked out of the window and shouted, "Look, the excavator is not moving! Maybe it's not too late!"

كَانَ عُمَّالُ الْبِنَاءِ يَحْصُلُونَ عَلَى اسْتِرَاحَةٍ، فَسَارَعَ آدَمُ وَوَالِدَاهُ إِلَى فِنَاءِ جَارِهِمْ. كَانَتِ الْقِطَطُ عَلَى بُعْدِ أَمْتَارٍ قَلِيلَةٍ مِنَ الْحَفَّارَةِ، وَلَكِنْ لِحُسْنِ الْحَظِّ، لَمْ يُصِبْهُمْ أَيُّ أَذًى. تَنَفَّسَ آدَمُ الصُّعَدَاءَ وَحَمَلَهُمْ بَيْنَ ذِرَاعَيْهِ.

The construction workers were having a break so Adam and his parents rushed over to their neighbor's yard. The kittens were just a few meters away from the excavator but luckily, they were unharmed. Adam let out a sigh of relief and carried them in his arms.

ثُمَّ جَاءَتْ وَالِدَةُ الْقِطَطِ تَزْحَفُ مِنْ تَحْتِ السِّيَاجِ مُتَّجِهَةً صَوْبَ الْفِنَاءِ. "أُنْظُرُوا جَمِيعًا! لُوْلَا عَادَتْ!" صَاحَ آدَمُ بِسُرُورٍ.

Just then, the kittens' mother came crawling from under the fence and into the yard. "Everyone, look! Lola is back!" shouted Adam with glee.

وَعِنْدَهَا اقْتَرَبَ الْجَارُ الْجَدِيدُ مِنْ آدَمَ وَقَالَ: "لَقَدْ سَمِعْتُ يَا آدَمُ عَمَّا حَدَثَ. أَنَا عَاشِقٌ لِلْقِطَطِ، وَأُحِبُّ أَنْ أَتَبَنَّى الْقِطَّةَ وَأَوْلَادَهَا. بِوِسْعِكَ دَائِمًا أَنْ تَأْتِي لِتَلْعَبَ مَعَهُمْ كُلَّمَا أَرَدْتَ ذَلِكَ". اتَّسَعَتْ عَيْنَا آدَمَ حِينَمَا سَمِعَ الْخَبَرَ وَابْتَسَمَ.

The new neighbor then came up to Adam and said, "I heard about what happened. I'm a cat lover and I would love to adopt the cat and her kittens. You can always come over to play with them whenever you like." Adam's eyes widened at the news and he smiled.

وَمُنْذُ ذَلِكَ الْيَوْمِ، لَمْ تَعُدْ هُنَاكَ عُلَبُ تُوْنَةٍ مَفْقُودَةٌ، وَلَمْ يُخْفِ آدَمُ أَيَّ أَسْرَارٍ عَنْ وَالِدَيْهِ .

From that day on, there were no missing cans of tuna and Adam kept no secrets from his parents.

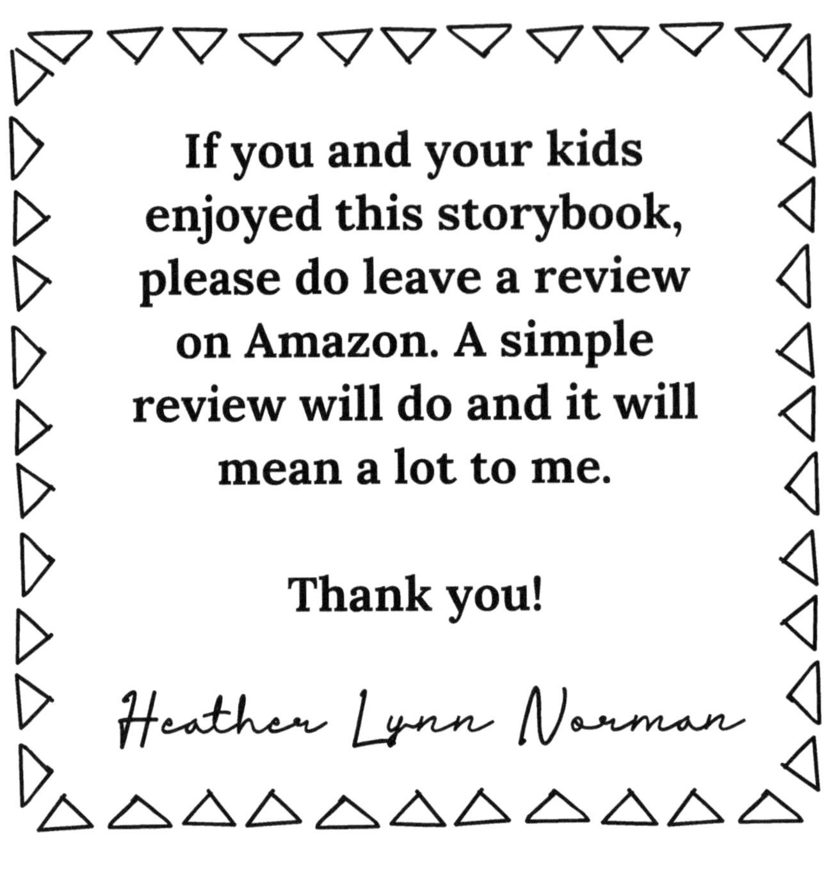

If you and your kids enjoyed this storybook, please do leave a review on Amazon. A simple review will do and it will mean a lot to me.

Thank you!

Heather Lynn Norman

www.ingramcontent.com/pod-product-compliance
Lightning Source LLC
Chambersburg PA
CBHW042005110726
48006CB00004B/985